Tucholsky Wagner Zola Scott Sydow Freud Schlegel
Turgenev Wallace Fonatne
Twain Walther von der Vogelweide Fouqué Friedrich II. von Preußen
Weber Freiligrath
Kant Ernst Frey
Fechner Fichte Weiße Rose von Fallersleben Richthofen Frommel
Hölderlin
Fehrs Engels Fielding Eichendorff Tacitus Dumas
Faber Flaubert
Maximilian I. von Habsburg Fock Eliasberg Zweig Ebner Eschenbach
Feuerbach Eliot
Ewald Vergil
Goethe Elisabeth von Österreich London
Mendelssohn Balzac Shakespeare Dostojewski Ganghofer
Lichtenberg Rathenau
Trackl Stevenson Doyle Gjellerup
Mommsen Tolstoi Hambruch
Thoma Lenz Hanrieder Droste-Hülshoff
Dach Verne von Arnim Hägele Hauff Humboldt
Reuter Rousseau Hagen Hauptmann
Karrillon Garschin Gautier
Defoe Hebbel Baudelaire
Damaschke Descartes
Hegel Kussmaul Herder
Wolfram von Eschenbach Dickens Schopenhauer
Darwin Rilke George
Bronner Melville Grimm Jerome
Campe Horváth Aristoteles Bebel Proust
Bismarck Vigny Barlach Voltaire Federer Herodot
Gengenbach Heine
Storm Casanova Tersteegen Grillparzer Georgy
Chamberlain Lessing Langbein Gilm Gryphius
Brentano Lafontaine
Strachwitz Claudius Schiller Kralik Iffland Sokrates
Bellamy Schilling
Katharina II. von Rußland Gerstäcker Raabe Gibbon Tschechow
Löns Hesse Hoffmann Gogol Wilde Vulpius
Luther Heym Hofmannsthal Klee Hölty Gleim
Roth Heyse Klopstock Morgenstern Goedicke
Luxemburg Puschkin Homer Kleist
La Roche Horaz Mörike Musil
Machiavelli Kierkegaard Kraft Kraus
Navarra Aurel Musset Lamprecht Kind Kirchhoff Hugo Moltke
Nestroy Marie de France
Laotse Ipsen Liebknecht
Nietzsche Nansen Ringelnatz
Marx Lassalle Gorki Klett Leibniz
von Ossietzky May vom Stein Lawrence Irving
Petalozzi
Platon Knigge
Sachs Pückler Michelangelo Kock Kafka
Poe Liebermann Korolenko
de Sade Praetorius Mistral Zetkin

Der Verlag tredition aus Hamburg veröffentlicht in der Reihe **TREDITION CLASSICS**
Werke aus mehr als zwei Jahrtausenden. Diese waren zu einem Großteil vergriffen
oder nur noch antiquarisch erhältlich.

Symbolfigur für **TREDITION CLASSICS** ist Johannes Gutenberg (1400 — 1468),
der Erfinder des Buchdrucks mit Metalllettern und der Druckerpresse.

Mit der Buchreihe **TREDITION CLASSICS** verfolgt tredition das Ziel, tausende
Klassiker der Weltliteratur verschiedener Sprachen wieder als gedruckte Bücher
aufzulegen – und das weltweit!

Die Buchreihe dient zur Bewahrung der Literatur und Förderung der Kultur.
Sie trägt so dazu bei, dass viele tausend Werke nicht in Vergessenheit geraten.

Im Weitergehn

Neue Gedichte

Karl Henckell

Impressum

Autor: Karl Henckell
Umschlagkonzept: toepferschumann, Berlin

Verlag: tredition GmbH, Hamburg
ISBN: 978-3-8424-9058-1
Printed in Germany

Text der Originalausgabe

Karl Henckell

Im Weitergehn

Neue Gedichte

Im Weitergehn

Was melden deine Lieder nur
Als über dir der Wipfel Wehn
Und deiner Schritte Wanderspur
    Im Weitergehn?

Was überraschend dich entzückt,
Und hast es hundertmal gesehn,
Was deine Hand aus Liebe pflückt
    Im Weitergehn.

Uralte Lust will sich erneun,
Im Liede staunend auferstehn –
So laß dir goldne Wunder streun
    Im Weitergehn!

Das Gedicht

Es streift dich mit wehendem Saume
Plötzlich in silberner Früh –
Der Himmel beschert es im Traume,
Dankbar vollendets die Müh.

Oder ein goldschwerer Tropfen
Fällt von der Schale des Lichts –
Später der Schmied muß klopfen
Emsig den Ring des Gedichts.

Frühlingsabend

Nah rauscht der Fluß durch tiefe Stille
Zu meinem hohen Turmgemach,
Des Abendhauches linde Fülle
Küßt mir der Sehnsucht Knospen wach.
Die schweren Tage wie verschollen,
Die Wochen müd und hoffnungsleer –
Das Leben sprießt, die Wellen rollen,
Die Lust hat ihre Wiederkehr.

Am Himmel sich die Sterne zünden,
Die mir so günstig schon geblinkt,
Ich spüre, daß sie Gutes künden,
Und alle Zweifelsucht versinkt.
Der Lenz webt zarte grüne Schleier,
Bald schwelgt das Tal in Blütenpracht,
Ich atme tiefer, blicke freier
Und tauche heiter in die Nacht.

Maienmorgen

Ward je die Welt mir zum Verließ?
O dumpfer Traum, der längst zerrann!
Nun wandl ich durch ein Paradies,
So schön, daß ichs nicht sagen kann.

Ein warmer Regen hat getränkt
Den lichten Hain mit reichem Tau,
Des Himmels frische Klarheit schenkt
Dem jungen Tag ihr keusches Blau.

Die Birkenblättchen beben schnell
Bei jedem Hauch vor Ungeduld,
Er ist ihr trauter Spielgesell,
Sie zittern ihm voll zarter Huld.

Der wilde Birnbaum, weiß in Pracht,
Lacht fröhlich wie ein Pfingstprophet,
Der Edeltanne dunkle Wacht
Hochfeierlich gen Himmel steht.

Sein Frühkonzert der Maiwald gibt,
Wie singts und klingts aus nassem Busch!
Die Blumen glänzen, lenzverliebt
Umspielt von hellem Falterhusch.

Verstohlen lauscht ein schlankes Reh,
Mit großen Augen schaut es zu –
Wie ich sein stilles Staunen seh,
Ist mir, am Stamm dort lehntest du . . .

Nachtigallen am See

In lauen Dämmerungen
Verhauchte der Frühlingstag,
Wir glitten nachtumschlungen
Mit lautlosem Ruderschlag.

Am hohen Schilf nur rauschten
Die Wellen murmelnd empor,
Wir legten ein und lauschten
Zum Ufer mit durstigem Ohr:

Aus heimlichen Schattentiefen,
Umbuschtem Klosterwall,
Zwei Nachtigallen riefen
Sich mit sehnsüchtigem Schall.

Es schwoll wie verlockendes Schlagen
Zu jauchzender, schmetternder Höh,
Es quoll wie verzichtendes Klagen
Und schluchzte wie scheidendes Weh.

Das Echo vom anderen Ufer
Gab Wehmut und Wonne zurück,
Schmerzselig lenztrunkener Rufer
Gedämpftes Versagen und Glück.

Der dunklen Akazienbäume
Lebendige Stimme verscholl,
Wir glitten durch Blütenträume –
Wundervoll
Duftet im Nachthauch der Flieder . . .

Maifahrt

Der frischen Buchenwälder grünes Licht
Sang ein verführerisches Lenzgedicht.

Wir fuhren lachend in den Sonnenmorgen:
Nun mag für uns der Gott der Finken sorgen!

Die Himmelsluft, das seebeglänzte Land
Sich wie ein zärtlich Liebespaar verband.

Am Brautfest waren wir zu Gast geladen,
Lichtkinder spielten auf den Blumenpfaden.

Von weißen Anemonen, zarter Spier
In ihrem Blondhaar hingen Kranz und Zier.

Sie neckten sich mit leichten Buchenzweigen
Und huschten kichernd in das Waldesschweigen.

Versteckten sich vor Pferd und Wagen flink
Und hüpften wieder vor, auf Zauberwink . . .

Wir stiegen aus und gingen weiter leise
Durchs weiche Moos . . . Lüstern auf Sonntagsspeise

Sprang mit gewiegtem Schwunge buschgeschwänzt
Eichhörnchen mitten durch, sein Äuglein glänzt.

Der Schäferhund schoß hinterdrein dem Kecken,
Vom Mißerfolg beschämt klein beizustecken.

Der muntre Kletterer späht von oben schon
Und knackt sich was, ätsch, ätsch! dem Hund zum Hohn.

Die Spechte hämmerten . . . Von Zeit zu Zeiten
Sah ich im Grund die grüne Waldbraut schreiten

Mit ihrem goldnen Strahlenbräutigam –
Wo sie verschwunden, schillert Scharlachschwamm . . .

. . . Plaudern und Scherzen. Die Fouragetasche
Barg Brot und Eier, Mettwurst, Rotweinflasche.

Auf breitem Baumstumpf welch ein köstlich Mahl!

Stümper Lukull, so schwelgt man genial!

Dann, daß der Genius abends sich erhole,
Waldmeister pflückten wir zur Maienbowle.

Kam jeder bald mit einer vollen Hand,
Das weiße Tuch die Kräuter fest umwand,

– Ein Lebewohl dem lichten Buchendome! –
Und mit dem Bündel würziger Arome

Zurück zum Wagen . . . Landwärts stundenlang
Ging nun die Fahrt mit Gott und Finkensang.

Flöte im Walde

Fern tönt eine Flöte vom Walde,
Weiche, verlorene Melodie:
Wohl unter den grünen Buchen
Kannst du mich finden und suchen,
Bin immer da oder nie.
Hör hier in Lüften ein uralt Stück,
Seligen Sommer bring ich zurück
Den Unversehrten auf Erden.
Mich findet wieder, wer je mich fand,
Überall mein Glück, überall mein Land,
Wer will darin König werden?
Nun greif mich geschwind,
Ich bin ja dein Kind
Von dazumal und von heute,
Von gestern und morgen,
Doch darfst du nicht sorgen,
Sonst mordest du selbst deine Beute.
Wenn der Kuckuck ruft, krön ich dich balde,
Bin immer da oder nie . . .

Fern lockt eine Flöte vom Walde,
Ich weiß ihre Melodie.

Vor Sonnenuntergang

Goldbronzen glänzt die Welle,
Sie glänzt olivengrün,
Besonnter Felder Helle
Seh ich im Strome wiederglühn.
Braunrot Gestein färbt strichweis rot
Im Spiegelschein die Flut. – Jetzt loht
    Es um die Uferspitzen
    Wie erzner Lanzen Blitzen.

Der Farben Zauberfließen
Zieht dich so tief hinein . . .
Nur rasch ein Augenschließen!
O Welt, du Kelch voll Purpurwein!
Den Strom entlang im Abendstrahl
Wie Traumesgang von Berg zu Tal:
    Rings gleichen Paradiesen
    Die falterbunten Wiesen.

Weißt du von Gram und Grauen,
Das je dein Herz beschlich?
Die Glorie darfst du schauen,
Davor der dunkle Wahn erblich.
Dem Spiel verwandt bleib trunken stehn,
So glutgebannt die Welt zu sehn,
    Laß von der Sonne Träumen
    Deine Seele überschäumen!

Hochsommer

Wie schüttet seinen schweren Duft
Betäubender Jasmin!
Trumpfierend auf des Frühlings Gruft
Der Sommer schwängert schier die Luft . . .
Süßschwüle Hauche ziehn.

Von hundert Haufen dampft das Heu
Die satten Schwaden her . . .
Aus Saft und Brodem welch Gebräu!
Die Sinne übersegnet neu
Ein üppig Blütenmeer.

Die Welt ist ohne Maß berauscht
Von Ruch und Sonnenschein –
Durchs Gras die Sense sirrt und rauscht,
Und müde schläft und kaum belauscht
Das Lied der Vögel ein.

Herbstmorgen

Der Morgen steigt in Gold und Sonne
Aus bleichem Nebelschleier,
Wie eine welterschlossne Nonne
Strahlend zur Hochzeitsfeier.

Sie floh aus grauer Dämmerzelle,
Dem schattenfahlen Dunst entrückt,
Sie taucht in blaue Himmelshelle
Staunend ihr Antlitz, allbeglückt.

Ihr wehen Birken, wimpeln Weiden
Ein silbern Hosianna zu,
Sie steht in lauter Licht und Seiden,
Goldbraun ihr Haar, taublitzend ihre Schuh.

Weiße Nacht

Taucht aus Nebelhauch und -Schimmer
Turm und Zinne silbermatt,
Schwebt des Äthers leiser Schwimmer
Lichtstark über Strom und Stadt.

Dunkler Wipfel tief Gehänge
Schattet um Bastei und Wall,
Durch der Blätter dicht Gedränge
Blinkt die Welle wie Metall.

Ist ein wunderstilles Fließen
In die weite, weiße Nacht –
Lichte Himmelsblumen sprießen,
Meine Seele schaut und wacht.

Entführung

Ein körniger Schnee ist gefallen,
Die Welt trägt ihr knisterndes Kleid,
Es glitzert von tausend Kristallen
Ihr Mantel wie Sternengeschmeid.

Ich geh an dem eisigen Flusse
Die schimmernde Straße dahin
Und küre Frau Holle zum Kusse,
Frau Holle berückt meinen Sinn.

Wir schwingen in feurigen Tänzen
Uns über die Brücken der Nacht –
Ihre schneeweißen Schultern glänzen,
Fest schmiegt sie sich an mich und lacht.

Wir sausen im Wirbel wie trunken
Durch ihr flockenflimmerndes Reich,
Schon sind wir aufs Lager gesunken,
So spitzenumwoben und weich.

Rasch löschen die schelmischen Sterne
Ihr Lichtlein am Himmelbett aus,
Die Erde als winzige Laterne
Bewacht unser hochzeitlich Haus.

Lied des Todes

Von den Gletschern komm ich her,
Von den weißen Bergen,
Über Tal und Schlucht daher
    Von ungefähr . . .

Wo die Freude halmesleicht
Ihren Reigen führet,
Meine eisige Klinge streicht
    Von ungefähr . . .

Arme Knospen, Zitterlaub,
Bleiche Menschenblüten . . .
Sachte fallt ihr in den Staub
    Von ungefähr . . .

Über Tal und Schlucht daher,
Von den weißen Bergen,
Weißen Särgen komm ich her
    Von ungefähr . . .

Gaudeamus igitur!

O wie klingt mir dieser Walzer,
O wie sonnenhell ins Ohr!
Und die kleinen Mädchen tanzen
Durch den grünen Frühlingsflor.

Eine Schwarze, eine Blonde,
Und es ist ein lieblich Spiel,
Wie sie zierlich ihre Beinchen
Schwingen nach dem neusten Stil.

Von den Tischen heitres Lachen,
Alles schaut belustigt um,
Doch sie kümmern sich den Kuckuck
Um das »große« Publikum.

O wie weich klingt dieser Walzer,
O wie sonnenhell ins Ohr,
Und es tanzt in meiner Seele,
Die an Sonne nichts verlor.

Holder Leichtsinn ist die Losung,
Und von drüben ein Student
Bringt mir grüßend einen »Ganzen« –
»Aus Verehrung!« Sapperment!

Froh verständnisvolle Blicke:
»Ja, ich fühle ganz wie du,
Und ich trinke dir die Freude
Meines jungen Herzens zu.«

O wie klingt mir dieser Walzer,
O wie sonnenhell ins Ohr!
Und die grünen Wimpel wehen,
Und der Weise wird zum Tor.

Parkpromenade

Weiße Kastanienflammen,
Laubüberleuchtende Blüten –
Zittern Sinne zusammen,
Können Herzen sich hüten?

Schäumender Schneeball, weißer,
Doldenverschleudernder Flieder!
Blicke suchen sich heißer,
Sonne glüht um die Glieder.

Sonne, lebenbeschwörend,
Trieft durch strotzende Zweige –
Zärtliche Seelen betörend,
Girrt wie trunken die Geige . . .

Bei München

Sonnenwind kräuselt
Grausilberne Weiden,
Eschen und Pappeln
Durchspielt seine Hand,
Auf vollen Wipfeln
Die Blicke weiden
Am auenlustigen
Isarstrand.

In Schmuck und Fülle,
Uferkränzend,
Der Englische Garten
Herüberwinkt –
Aus blauen Lüften,
Seidenglänzend,
Ein Sonnenschleier
Auf München sinkt.

Die spitzen Türme
Der Ludwigskirche
Steigen so zierlich
Schlank empor,
Weiße Möwen
Wiegen und tauchen
Aus grünen Wellen
In Ätherflor.

Von Brück' zu Brücken
Kreisen sie weiter,
Bis wo inmitten
Athene steht,
In edler Ruhe
Das Stadtbild schirmend,
Daß Kunstentzücken
Hier nie vergeht.

Von deutschen Städten

Keine vertauschen
Möcht' ich der schönen,
Heimisch vertraut,
Die Brunnen durchrauschen,
Brücken krönen,
Von Meisterhänden
Weltheiter gebaut.

Wotanseiche

Im heiligen Hain
Weitwurzelnder Eichen,
Wie markige Recken
Uralter Mären
Bannschützend geschart,
Ragt bodenfürstlich,
Ehrfurchtgebietend,
Der auserwählte
Waldesriese,
Wotan geweiht.

Die Sonne spielt
Mit seiner Krone,
Hoch in des Himmels
Heiterer Bläue
Badet sein Haupt –
Doch drunten hütet
Er seines Schattens
Geheimnisschweres
Dunkles Schweigen,
Schicksalumraunt.

Der Donnerwettern
Blitzschwangrer Wolken,
Wildem Rasen
Stöhnender Stürme
Krachend standhielt –
Der schnödem Axthieb
Hainfremder,
Erdehassender
Jenseitsbettler
Hohnvoll getrotzt!

Dem, grauer Held,
Allvater Kraft gab –
Dir würd' auf weiter

Walstatt des Lebens
Gern ich gleich.
Daß mir zu Wipfel
Die Vögel wandern
Neuer Jugend,
Sonnenzwitschernd,
Urtraumvertraut.

Unser Hufeisen

Im Solling, auf sonnigen Waldeshöhn
Altheimischer Weserlande,
Hinschlenderten wir – der Tag war schön –
An reifender Felder Rande.

Du stecktest Gerste, Roggen und Korn,
Drei volle, wiegende Ähren,
Zu roten Raden und Rittersporn –
Wir schwelgten in ländlichen Sphären.

Da, wie wir so streiften den Rain entlang –
Die Lerchen stiegen im Blauen
Und sangen dem Sommer den Jubelgesang –
Sah ich scharf zu Boden dich schauen.

Ein altes Hufeisen lag bestaubt
Zur Rechten im Fuhrgeleise . . .
Du nahmst es – wir haben gleich dran geglaubt –
Ich trug's . . . es ging mit auf die Reise.

Im Koffer verpackt zwischen Prosa und Reim,
Souvenirs, Siebensachen und Kragen,
Hat das Nageleisen ins neue Heim
Uns hannoversche Erde getragen.

Erde vielleicht von derselben Spur,
Wo vor Zeiten zu Rosse nach Bremen
Mein Vater geritten stromabwärts die Tour,
Kurant für Getreide zu nehmen.

Erde vom selben Pfade vielleicht,
Wo im sommerlich blühenden Schmucke
Die Mutter heiter die Hand ihm gereicht
Zur Rückkehr mit liebendem Drucke . . .

Nun hängt uns das alte Hufeisen schlicht
An dicker, grobschmiedener Kette,
Umschließt des Eingangs glühendes Licht
Und stärkt und segnet die Stätte.

Das soll mit seiner gebogenen Kraft
Um die leuchtende »Birne« sich krümmen,
Neu Leben mit wurzelzäher Haft
Soll zaubrisch drin glühen und glimmen.

Es künde den Freunden ein echtes Herein!
Soll treu sich und wirksam erweisen,
Und mag es ein »Köhlerglaube« nur sein,
Uns ist es ein Glaube von Eisen.

Amsel vorm Fenster

Amsel auf dem höchsten Ast,
Unsres Fensters früher Gast,
Singst den hellen Morgen ein,
Sollst uns willkommen sein!

Flötest wieder frühlingsfrisch:
»Macht, ich bitt euch, reinen Tisch
Heut mit allem, was noch drückt –
Welt wird zur Lust geschmückt.

Himmel hat so warmes Blau,
Will euch taufen, Mann und Frau,
Hebt die Augen, Frau und Mann,
Schaut euch den Himmel an!«

Amsel auf dem höchsten Ast,
Was du helle Botschaft hast!
Lieber kleiner Tröster du,
Zwei hören gern dir zu!

Harter Traum

Ein harter Traum:
Du warst mir fast entschwunden,
Am schwefelgelben Himmelssaum
Sah ich dein wirres Haupthaar kaum,
Sturmentbunden,
Wahnsinnflatternd . . .

Einmal noch wandtest du
– Grell brach der Wolken Licht –
Rückwärts dein fahl Gesicht,
Doch mich erkanntest du
Flüchtige nicht.

Und es war, wie wenn weit aus der Nacht eine jammernde See-
le riefe . . .

Eine einzige, liebe Locke warf
Mir der Wirbelsturm zu mit hohnlachendem Stoß
Durch den fremden, verödeten Raum.
Sie sucht' ich zu fassen – messerscharf
Schnitt die Luft in dem Traum –
Und stürzte nur, stürzte nur gnadelos
In einsam todeisige Tiefe . . .

Heimliches Licht

Wie wir suchen, wo wir wandern
Den geheimnisvollen Gang,
Stets vom einen zu dem andern
Schwebt es leise den Weg entlang.

Zu dem Müden schwebt es und gleitet
Von dem Starken her und hin,
Bis sein Haupt er hebt und schreitet
Wieder fort mit kühnem Sinn.

Will der Mutige verzagen,
Kommt vom andern schon das Licht,
Fern versinken graue Klagen,
Silbern steigt die Zuversicht . . .

Lichtlein, das herüberzittert,
Flämmchen, das hinübereilt,
Brennst zunichte, was verbittert,
Fachest an, was stärkt und heilt.

Auf der Liebe Zaubergleisen
Spielt das Leben hin und her –
Flamme, bleib uns hold: wir reisen
Heil hindurch zum ewigen Meer.

Heimweg am Fluß

Welle, eilst du mir voraus,
Trage diesen Gruß nach Haus!
Liebe, die mit mir gelitten,
Folgt in Freude meinen Schritten,
Schaut erwartend nach mir aus –
Welle, eile rasch voraus!

Welle, vieles zog vorbei,
Unsern Bund brach nichts entzwei.
Sonne, Wolke, Sturm und Segen
Lag auf unsern Wanderwegen,
Kampf und Qual auch macht' uns frei –
Welle, vieles zog vorbei.

Welle, wirbelst so dahin,
Kennst gewiß auch meinen Sinn.
Mocht' es dir denn leicht gelingen,
Dich in steten Strom zu bringen?
Weißt, wie ich verwandt dir bin?
Welle, wirbelst so dahin.

Welle, alles Leben braust.
Glück ist, wo Verständnis haust.
Blieb der Kleinsinn fern dem Herde,
Lohnt sich's, daß du auf der Erde
Dir gemeinsam Hütten baust –
Welle, alles Leben braust.

Welle, strömst dem Meere zu –
Trage beide Seelen du!
Daß wir unser Wesen breiten
Aus den Engen in die Weiten.
Gib uns in der Tiefe Ruh –
Welle, strömst dem Meere zu.

Sternenbitte

Wenn dich des Schicksals scharfer Wind mir raubte,
Bevor mein eignes Los sich hier erfüllt,
Du Liebe, Gute, die an mich noch glaubte,
Als Nacht und Schatten meinen Pfad umhüllt . . .

Wenn mich dein süßes Licht verlassen müßte,
Das mich begleitet im Verborgnen treu
Bis an der Weltverzweiflung öde Küste
Und losch nicht aus in irrgewordner Scheu . . .

Noch halt ich dich in heiliger Sternenstunde,
An meinem Herzen schlägt dein Herz so heiß –
Ihr Sternengeister, seid mit mir im Bunde
Und segnet sie, die mich zu segnen weiß!

Vision im Reif

Wie zeichnet das Gestrüpp des Winterwalds
Im zarten Reif so fein sich einzeln aus
Und läßt mich durch den Mittag Wandelnden
Verrankter Zweige Zierat klar erschaun!
Es ist nicht Wirrnis mehr, es ist wie Bild
Der Wirrnis hinter wunderbarem Glas,
Das diese Welt im Urstand läßt und doch
Zur lichten Schau das Wildverschlungne schlichtet.
Mit meinem festen alten Wanderstab
Berühr' ich säumend einen weißen Ast,
Und wie ich stäubend seine Reiflast streife,
Daß puderleicht sich die Kristalle sondern
Und niederflocken aufs gefrorne Moos,
Fällt blitzend ein verstärkter Sonnenstrahl
Auf allen Wald, und zauberschimmernd blühn
Vor meinem Blick gelöste Labyrinthe . . .

Plötzlich, wie traumgespiegelt, schau ich tief,
Doch nah, vom Wasserfall, der schäumend stürzt,
Da drüben eines Jünglings jähen Schritt
Durchs Dickicht stürmisch suchen seinen Pfad.
In seinen Augen glüht ein hoher Wahn,
Der Sehnsucht wilder Brand in seinem Blute
Malt sich im ungestümen Muskelspiel,
Das gierig, grausam unbefriedigt zuckt.
Der kecke Waghals weiß nicht ein noch aus
Mit seinem Willen, seinem Wege mehr,
Das Dickicht schließt ihn undurchdringlich ein.
Umklammert ist er von Gespensterarmen
Verworrner Äste, die ihn niederziehn,
Und wie er blindlings rast, sich zu befrein,
Ihn straucheln lassen höhnisch, fratzenhaft,
In Sumpf und Schlick, das er vor Kräftetaumel
Und tollem Durchbruchsfieber nicht gesehn,
In Schlick und Schlamm und trichtertiefen Tod
Des gähnenden, erstickenden Morastes . . .

Ein Schleier hüllt den Gleitenden. – Verwischt,
Verhaucht des Schemens wirrer Schicksalsweg.

Rings zeichnet das Gestrüpp des Winterwalds
Im zarten Reif so fein sich einzeln aus
Und läßt mich durch den Mittag Wandelnden
Aufatmend in kristallne Helle schaun.

Weiter!

Wer rastet, der rostet.
Wie lieb' ich das Wort!
Es treibt durch die Weiten
Des Lebens mich fort.
Nicht kann mir genügen,
Was je ich erfuhr,
Zu ferneren Flügen
Erwittr' ich die Spur.
Ihr habt mich im Kampfe
Der Tage gesehn,
Es klärt sich vom Dampfe,
Staubwolken verwehn.
Streitlieder verschallen
Der stürmischen Zeit,
Zornwaffen zerfallen,
Der Walstatt geweiht.
Doch drinnen die Welle
Des Blutes, sie kreist,
Von Zelle zu Zelle
Mit Wachstum gespeist.
Die Schale zum Plunder,
Die Kernfrucht zum Licht:
O Leben, du Wunder,
Ich lasse dich nicht!
Du segnest denn heute
Mich mächtig wie je,
Daß meine erneute
Gebärung gescheh'.
Es soll mich erfüllen
Mit suchender Lust,
Mein Wesen enthüllen,
Wie kaum ich's gewußt.
Es soll mich durchglühen
Mit sehnendem Brand,
Mein Herz will erblühen

Fürs heilige Land . . .
Das immer den Tiefen
Enttaucht über Nacht,
Wenn Stimmen drum riefen
Aus innerster Macht. –
Wer wagt, der gewinnt,
Wie lieb' ich das Wort!
Es treibt durch die Weiten
Der Seele mich fort.

Die schöne Welt

Als junger Fant
Bin ich hinausgezogen,
Das neue Land
Sucht' ich auf hohen Wogen;
Was täuschte, schwand . . .
Mein Traum ward nicht betrogen:
Ob manches Eiland nebelhaft verblich,
Eins ward Gestalt, und eines segnet mich.

Der Stürme Wut
Sah ich vorüberschreiten,
Der Haie Brut
Den hohlen Rachen spreiten . . .
Nun teilt die Flut
Sich fromm zu beiden Seiten,
Und aus dem Urschoß reiner Sehnsucht blüht
Erfüllung mir, eh' noch mein Tag verglüht.

Ein voll Geläut
Erzittert von den Höhen,
Das Leben reut
Mich nicht mit Kampf und Wehen . . .
Mein Gott gebeut,
Die schöne Welt zu sehen,
Die wundersam erst aus der Tiefe taucht,
Wenn der Vulkan der wilden Kraft verraucht.

Verzicht und Erhebung

1

Lautlos schweben die Flocken,
Möwen schwinden im Fluß . . .
Seele, schwer erschrocken,
Gib dich dem schweigenden Muß!

Was soll dein versagendes Ringen
Mit allem, was ruchlos dich quält?
Schleppst die geplünderten Schwingen
Mühsam weiter und klammerst
Dich an schwaches Geröll, höhnisch vom Schicksal
geschmält.

Opfre die blutenden Stunden,
Seele, verborgnem Verzicht!
RieSele, Schnee, auf die Wunden,
Mit deinem weißen Bahrtuch
Hülle, verhülle sie dicht!

2

Verblutet am Wege? Die Schwingen zerschossen?
Sei Schicksal, Mensch! Schaffe die Flügel dir nach!
Erhebe dich über dich! Blut ist geflossen,
So speise dich frisch aus ursprünglichem Bach!

So tränke dich neu aus unendlichem Borne,
So stähle die Schwingen dir jenseits der Zeit
Und presse sie fest in aufhämmerndem Zorne,
Vom Erzengel Michael selber gefeit!

Daß je du ermattest, sei niedrige Märe,
Vom Maul des Vernichters geheult in dein Ohr!
Kriegt Schicksal dich unter? Erschüttre die Sphäre
Mit Schöpfergewalt – und wirf dich empor!

Schicksalswahl

Das bleibt wie von Anfang so heute:
Ob den eigenen Weidgang du wagst
Oder ob du im Troß mit der Meute
Nach wohlfeiler Beute jagst.

Hast ein seltenes Wild dir erkoren,
Das stellt sich dir selbst nur allein,
Und gehst du beim Werke verloren,
Der Wunsch und die Fährte war dein.

Und legen sie Fallstrick und Schlingen
Dir hämisch ums herrliche Spiel,
Du lächelst: wenn je sie dich fingen,
Im Sturz noch triffst du dein Ziel.

Leben

Leben, was glotzt du mich grausig an,
Wie'n Wolfsrudel, das mich zerreißen kann?

Schleichst gar gefährlich um mich herum –
Ein Fehltritt. Fressen fürs Publikum!

Ob ich vor dir zu straucheln mich hüte!
Hast Zähne von ausgezeichneter Güte.

Wie hold dein Gebiß! Wie zart deine Krallen!
Man möchte dir gleich vor die Füße fallen.

Gelt, so 'nen harmlosen Träumer packt
Man im Umdrehn? Der wird von den Geiern zerhackt.

Leben, du süßes Rudel – ich denke,
Man achtet ein wenig auf seine Gelenke . . .

Mein Sanssouci

Ob die Welt Zerstörung spie
Aus des Hasses Höhle,
Königliches Sanssouci
Baut sich meine Seele.

Königliches Sanssouci
Blühender Terrassen,
Festasyl der Poesie
Überm Staub der Gassen.

Festasyl der Poesie
Ätherklarer Stunden,
Wo Philisterwürfe nie
Meinen Geist verwunden.

Geh in die Sonne

Nehmen's die Krämer und Mäkler dir krumm –
Geh in die Sonne, scher dich nicht drum!

Sonne mit goldig erwärmendem Licht
Gibt dir vom Leben und marktet nicht.

Gütig und milde voll herrlicher Macht,
Schüttet sie über dich Schimmer und Pracht.

Würdest du Krösus und Kaiser zumal,
Küßte dich mütterlich segnend ihr Strahl!

Die dich mit lachenden Lippen berührt,
Hat sie dein liebendes Leben verspürt?

Über die Maßen beglückt ihre Huld,
Jeglichem Schenkenden schenkt sie die Schuld.

Pfiffige Schächer, mit Großmut verbrämt,
Geht aus der Sonne, wenn ihr euch schämt!

Zuflucht der Seele

Seltene Wollust sog ich aus jenen Gefühlen,
Die den Täuschern der Worte verschlossen sind –
Meine Seele barg sich in stillen Asylen,
Fern dem tauben Schall und dem hohlen Wind.

Ach, aus Bitternissen des Lebens quollen
Süße Zufluchtstunden der Dämmerung,
Land der scheinenden Lüge lag verschollen,
Und es kam wie Wonne der Heiligung.

Alles Leid der tiefer erschlossenen Dinge,
Alles lösende Lachen der letzten Macht,
Alles leise Schweben auf ewiger Schwinge
Jenseits mutzermalmender Niedertracht –

Was wie Schluchzen an quellenden Mutterbrüsten,
Was wie Jauchzen der siegenden Liebe war,
Wo die Seelen heimlich-erhaben sich küßten
Vor dem unverletzlichen Brautaltar . . .

Glück

Doch was ist Glück? Es ist nicht dein Behagen,
Es ist der Quell, den du aus Stein geschlagen,
Der Blitz, der feurig in die Dürre fährt,
Das Licht, das liebend deinen Kampf verklärt.

O feige Qual, wenn, meines Werts vergessen,
Ich nicht mehr wäge, was mir zugemessen,
Wenn ich, verlangend nach gemeinem Lohn,
Mit Marktgut tausche meinen Königstron!

Vom Seelengrunde fühl ich's grollend steigen,
Es läßt nicht Ruh mir, wenn die Stunden schweigen,
Nachts aus dem Schlummer schreckt es mich empor:
»Du bist ein Bettler, der ein Reich verlor!«

Lebensbrot

Gib es nicht den Vielen,
Sie verstehend selten:
Flug zu feinsten Zielen
Lassen sie nicht gelten.

Plump ins Auge springen
Muß, wozu sie drängen,
An den Außendingen
Bleibt ihr Wille hängen.

Messen alle Gabe
Nur nach ihrem Geiste,
Wähnen, alles trabe
Nur nach ihrem Leiste.

Mögen's nie erfassen,
Daß die Himmelskronen
Sich erringen lassen
Nur durch Höllenzonen.

Daß ein köstlich Winken,
Süß wie Frauenkosen,
Mild wie Sternenblinken,
Liegt im Absichtslosen.

Daß die tiefen Nornen
Höchstes ihm erlosen,
Dem aus schwarzen Dornen
Blühen weiße Rosen.

Daß zum seligen Grale
Führen mystische Weisen,
Aus der Schmerzensschale
Lebensbrot zu speisen.

Mutbringer

»Der Menge Spott hab' ich beherzt verachtet.«

Schiller

Wie trägt in lebensschweren Stunden,
Wenn sich erschöpft der Mut verlor
Und frisch es rinnt aus tiefen Wunden,
Der Großen Inschrift mich empor!

Erschüttert bis zum Grund der Seele
Vom rohen Metzgerstoß der Zeit,
All mein Vertrauen ich befehle
Den Geistern, die ihr Mut geweiht.

Die, wenn die Sterne rings verglommen
Und jeder Hoffnungsstrahl entschwand,
Mit der Verzweiflung Kraft geschwommen
Entgegen dem verhüllten Strand.

Hoch haben sie emporgehalten
Mit grimmer Faust ihr leuchtend Gut,
Trotz bietend allen Truggewalten
Von Pöbel und Tyrannenwut.

Da steigt aus sternengoldnen Tiefen
Die Zuversicht, die nie vergeht,
In Worten mußten sie's verbriefen,
Durch die der Hauch des Ewigen weht.

Darin der Geist in Lichtgesängen
Durch finstre Gründe grollend schweift,
Ein Adler, der mit kühnen Fängen
In Gottes Heldenharfe greift.

Dann spür' ich, wie es leise stählend
Durch meine tiefsten Adern rinnt,
Bis, ruhig sich der Kraft vermählend,
Mein Geist den sichern Grund gewinnt.

Der Kreuzfahrer

Was schreckt mich aus wachem Traume?
Der Mond wächst glutend herauf.
Die Wellen mit salzigem Schaume
Bespritzen des Schwertes Knauf.

Wo ist das Häuflein verschwunden,
Das ich zu Siegen geführt?
Flucht und Verrat! – Meiner Wunden
Hab ich ein Brennen verspürt.

In blanken Schildes Mitten
Wie Blutschrift schreibt es sich hin:
»Viel Schmach hast du erlitten,
Vertrauensseliger Sinn!«

Mein Heiland, dir bohrten sie Nägel
Durch deine versöhnende Hand –
Wind, sause stark in die Segel,
Ich will zum Gelobten Land!

Kruzifixus

Und habt ihr mich aufs Blut gequält,
Weil ich den Stab auf Gott gestellt,
Der Büttel Stoß hat mich gestählt,
Am Kreuz noch bin ich Herr der Welt.

Den Geißelweg hab ich gewußt
Von Anbeginn in meinem Geist,
Doch wußt ich auch die tiefste Lust,
Die solcher Leidensweg verheißt.

Schwand mir die Kraft, von Wut umzischt,
War's, weil auch mich ein Weib gebar –
Nun, eh das Auge ganz erlischt,
Scheid' ich im Licht und schaue klar.

Neues Leben

Fass' es, Mensch, und wirf zusammen
Alles nun in einen Brand,
Was zur Schwäche mag verdammen,
Was mit Feigheit dich umwand.
Soll dich etwas so bedrohen,
Daß es willenlos dich beugt?
Gib's dem Feuer! Laß es lohen!
Sei der Geist, der selbst sich zeugt!

Deine Flamme sei die Stunde,
Deine Wiege der Moment –
Sei mit jener Macht im Bunde,
Die kein Recht von gestern kennt.
Wisse, Schuld wird ungeheuer,
Die ihr Konto nie zerreißt –
Laß es lohen! Gib's dem Feuer!
Sei der Zeuger, sei der Geist!

Der Kronenträger

Und trag' ich auch kein Purpurkleid
Mit Hermelin und Goldgeschmeid,
Ich glaube doch bis an mein Grab,
Daß Gott mir Reich und Krone gab.

Der Reif, der fein dies Haupt umflicht,
Erhöht mein sterblich Angesicht,
Und Flammen reiner Ehrfurcht lohn
Um meinen unsichtbaren Thron.

Gebannt in solcher Gnaden Kreis
Sing' ich den höchsten Mächten Preis,
Des dritten Reiches Macht und Ruhm
Sei meiner Harfe Heiligtum!

Mein ist das Reich der stillen Tat,
Das heimlich hier auf Erden naht;
Von ewiger Sehnsucht vorgeschaut,
Wird es erkämpft und auferbaut.

Wollt' ich verlassen je sein Licht,
Ein Hüter, der die Treue bricht,
Dem armen Wicht wär ich verwandt,
Der sich erhängt mit eigner Hand.

Doch sinkt der Schwermut leiser Flor
Auf diese Stirn, die Gott erkor,
Wenn sich der Feinde Rotte mehrt
Und das geliebte Land verheert,

In meinem königlichen Schmerz
Aufblitzt ein Licht wie funkelnd Erz:
Kein König, der's verloren gab!
Die Krone trag' ich bis ans Grab.

Aufschwung

»Was ruft uns empor
Aus verdämmernden Tiefen,
Was löst uns die Ketten
Und hebt uns zum Licht?
Wir sind die Betrognen,
Die tausend Jahr schliefen,
Kein Gott kann uns retten
Mit fremdem Gericht.

Geklammert am Kreuz
Wir harrten auf Drüben,
Hochmütig vom Wahne
Genarrt und geduckt . . .
Blind tappte das Leben
m Dumpfen und Trüben –
Gleich Blitz und Orkane
Jetzt reißt es und zuckt.

Die Sehnsucht schwoll,
Es durchsausen die Schwingen
Der kühnen Gedanken
Unhemmbar die Welt.
Wir müssen den Adel
Der Freiheit erringen,
Die Gnaden, sie schwanken –
Auf uns ist's gestellt.«

Sturm

Lang schon lag auf der Lauer,
Leise sausend,
Heimlicher Sturm.
Plötzlich näher und näher brausend,
Überfällt er die Welt.
Frühlingsschauer
Bringt er dem atemschöpfenden Land.

Sturm!

Was in verzehrender
Sehnsucht harrte,
Schier begraben in schweigender Qual,
Was die luftspiegelnde
Hoffnung narrte,
Mit einem Mal
Hebt es die Häupter.

Und aus der lähmenden Stille
Endlich gebrochenem Bann
Schwillt des Lebens erlösender Wille
Wieder höher
Und höher an.
Denn nur Hörige dulden gelassen,
Was des Rechtes Würde verhöhnt,
Freiheitliebende Menschen hassen,
Was mit Unbill
Die Unbill krönt.

Seht, ein Sturm
Ist langsam gekommen,
Jetzo bläst er gewaltig ins Horn,
Wer hinhorchte,
Hat längst ihn vernommen –
Städte erschüttert,
Länder reinigt sein herrlicher Zorn.

Seinestimmung in Paris

Es schwanken im Flusse die roten
Lichter von kreuzenden Booten,
Die zitternde Spiralen
In tiefschwarze Wasser malen,
Mit glimmenden Spuren die Ufer verbinden,
Von Brücke zu Brücke hinhuschen und schwinden.

Durch hundert Brücken und Bogen
Geheimnisschauernd geflogen,
Wo die Laute rauschend verschwimmen
Und von wirrphantastischen Stimmen
Hohldunkle Wölbungen wiederhallen
Wie von Opfern, der schweigenden Tiefe verfallen.

Dumpf Murmeln, Flüstern und Raunen
Von Kronos rasenden Launen,
Von Glorias glühendem Kosen
Mit bleichen, blutigen Rosen,
Von Höllentriumph, gotttrunkener Macht
Ein Echo, hinsterbend in Schatten der Nacht . . .

Carmagnole

Abgründig
Gähnen die Gassen
Grausig hinunter in lichtlosen Schlund . . .
Hungriger Weiber
Wildes Umfassen,
Tanzen und Heulen mit zischendem Mund.

Hochragend
Die Guillotine,
Tobend umzingelt als Fetisch des Heils . . .
Kreischende Arme,
Rasende Mienen
Heischen das Fallen des blutigen Beils.

Dumpfwirbelnd
Die Carmagnole
Trommelt der häßlichste Kerl vom Quartier . . .
Vive le son!
Und mit nackigter Sohle
Aufstampft das Rudel in teuflischer Gier.

Beinhager
Gelbe Gerippe,
Schlotternde Brüste, von Jammer verdorrt . . .
Aber die feiste
Metze der Sippe
Schleudert die Waden auf Tod und auf Mord.

Geilgrinsend
Schlenkert die Stelzen
Steil aus der Fensterhöhle der Tod . . . :
» Dansez, Mesdames,
Die Hölle muß schmelzen!
Hei, wie die lechzende Hexenbrunst loht!«

Abgründig
Gähnen die Gassen
Grausig hinunter in lichtlosen Schlund . . .

Hungriger Weiber
Wildes Umfassen,
Tanzen und Heulen mit schäumendem Mund.

Lux in tenebris

Ob Elend kauert
Gespenstisch in Ecken,
Dunkel lauert,
Schmach zu verdecken;

Wie dumpfer Gewalten
Schattenhaft Grausen,
Hexen schalten,
Teufel hausen.

Heimlich hinrieselt ein Bronnen,
Wo die Schande dem Schrecken gefrohnt,
Und vom säubernden Lichte der Sonnen
Bleibt kein schuldiger Winkel verschont.

Weihnacht

Es klingt ein Lied aus alter Zeit,
Wie Sternentraum so rein,
Von eines Kindleins Herrlichkeit
Und schlichter Hütte hellem Schein.

In eine Nacht von Wahn gebar,
Als sich die Zeit erfüllt,
Das Weib den Menschensohn, der klar
Den Widersinn der Welt enthüllt.

Sein Auge war so himmelstief,
Durchstrahlte Trug und List;
Der Lichtheld wuchs, sein Schicksal rief:
Am Kreuze hing der erste Christ.

Noch immer hängt der Mensch am Kreuz,
Noch immer jammern Fraun,
Dem Glockenklang des Weihgeläuts
Mischt sich des Wahnsinns Weh und Graun.

Der Geist, der stark mit Feuer tauft,
Wird immer noch geschmäht,
Noch wird verraten und verkauft,
Wer Saat der kühnen Liebe sät.

Noch sind so viele Augen blind,
Herrscht ungerecht Gericht –
Doch wieder ward die Wahrheit Kind,
Und langsam, langsam wächst ihr Licht.

Hymnus an das Leben

Du, brausend aus ewig schwangerer Nacht
Und ewig zeugendem Lichte,
Aus feuchtem Brodem und Glut entfacht,
Verwegenstes der Gedichte:
Geträumt von Gott, dem ursprünglichen Geist,
Dem Grund des Abgrunds entquollen,
Du, das da schäumt und zittert und kreist –

Wie rollen

Geheimnisvoll die Rhythmen des Alls
Durch deine dämonischen Fluten,
Im Wirbel der Wollust, im Schrei des Metalls,
In gewitterflammenden Ruten!
Im adlerschwebenden Gletschersang
Der unbesieglichen Seelen,
Im schattendämmernden Untergang –

In Höhlen

Der schwelenden Wut und des heimlichen Leids,
Im Feuer der stolzen Empörung,
In blühender Rosen berückendem Reiz,
In seliger Sehnsucht Erhörung.
In lachender Laune weltheiterem Laut,
In Genien, der Urkraft ergeben,
Was da atmet und schwingt, was da leuchtet und taut:

Du Leben!

Form und Leben

1

Hab Dank, du mein Leben, du hast mich durchbraust
Und früh mich behütet, ein Priester zu werden
Erhabener Gesten, gezierter Geberden,
In denen der Hochmut der Förmlinge haust.

Abgründiges Leben, du schlugst Melodie
Mir aus klaffenden Schroffen, zerrissenen Kanten,
Da lach' ich der prunkhaft preziösen Pedanten
Und Dichtkunstgeschmäckler vom heiligen Pli.

Lichtjubelndes Leben, du hast mich entzückt
Zu zitternden Wonnen, beschwingteren Stunden,
Ich habe verborgene Weisen gefunden
Und schlummernde Lieder dem Urtraum entrückt.

O Rose des Lebens, Tautropfen der Kunst,
Darinnen die wandelnden Himmel sich spiegeln –
Was frommt es, die Worte zu schniegeln und striegeln
Und Blüten am Draht zu besprengen aus Tiegeln
Mit Weihrauch und Myrrhen und künstlichem Dunst?

2

Stets schätzt' ich hoch die Kunst der edlen Formen,
Den stolzen Bau, das tiefgeschöpfte Bild,
Wenn mit dem schönen, blanken Spiegelschild
Die Muse schreitet fern gemeinen Normen.

Auch können seltne Reime stark mich bannen,
Wenn sie wie kühne Lichter Gottes sind,
Sie blitzen auf, sie brechen aus dem Wind,
Ein Staunen selbst gewiegten Worttyrannen.

Ja, immer mehr lieb' ich das Souveräne,
Das sich sein eignes Formgesetz bestimmt,
Der Versgestalt die schwanke Willkür nimmt

Und dauernd fügt die festen Rhythmenpläne.

Heil auch der reichen Zier! – Nur alabastert,
Byzanzelt, mosaikt mir nicht zu viel!
Die ihr – es ist der pure Protzenstil –
Den heiligen Hain mit Diamanten pflastert.

Der Heilige Nimbus

Manch Heiliger von alters her
Stand bei der Menschheit hoch in Ehr.
Der eine, weil er Kranke heilte,
Der andre, weil er Heiden keilte
Für die katholische Verbindung,
Der Dritte wegen Mitempfindung
Für alle Vögel auf dem Feld,
Der ob der Unbegier für Geld
Und sogenannte äußre Güter,
Und der als Meister der Gemüter.

Der Heilige, den ich erküre,
Hat gänzlich andere Allüre,
Er ist aus einem Material
So schleierhaft wie schenial.
Denn er besteht nur aus der Sohle
Und sonst aus nichts als Aureole.
Die Sohle freilich macht dafür
So groß wie eine Kirchentür,
Und tritt der Heilige herein,
Möcht' alles gleich: »Der Herrgott!« schrein.
Wo das Gespräch in vollem Brausen,
Entsteht die tiefste aller Pausen,
Man fällt vor Ehrfurcht von dem Platz –
Das macht der hohe Untersatz.
Die Sohle ist ein hohles Ding,
Kautschuk mit Luft wie 'n Rettungsring,
Doch eine Schelle pingpingping
Betört selbst einen Sonderling,
Der sonst sich schwer läßt imponieren
Von annoncierten großen Tieren.
Doch nach dem unteren Symbole
Wirkt erst die obre Aureole
Ganz unbeschreiblich mit dem Kranz
Von Flimmerflammerflummerglanz.
Da dreht sich statt dem Oberleibe

Nur eine Riesenblendescheibe,
Davor die Sonne sich verbirgt
Und ihre Scham herunterwürgt.

Und solcher Übersonnenschimmer
Kommt nur von Talmiglas und -glimmer,
Dahinter sich wie ein Prolet
Ein ganz gemeines Talglicht dreht.

Wo nun der Heilige erscheint,
Da ist man nahezu versteint.
Wer sonst die Nase hochgetragen,
Wagt kaum die Augen aufzuschlagen,
Und wer sonst kein verlegner Lurch,
Der ist vertattert durch und durch.
Die Kniee knicken, daß es knackt,
Die Wirbel biegen sich im Takt,
Und auf dem Gipfelpunkt des Glanzes
Beginnt nach Art des Eiertanzes
Ein wunderlicher Ehrenstuß –
Der Kotau macht sodann den Schluß.

Wer diesen Heiligen nun benützt,
Daß er besonders ihn beschützt,
Der läßt um sich die Welt sich drehen,
Weil alle nach dem Heiligen sehen,
Der als ein magisch Transparent
Vor seinem Schutzbefohlnen brennt.
Vom Hausknecht an bis zu den Spitzen
Fängt's an vor Hochachtung zu spritzen,
Man glotzt geblendet auf das Licht
Und sieht den – Talg vor Nimbus nicht.

Sankt N i m b u s ist der stolze Name
Des Heiligen von Notreklame,
Das in den böhmischen Wäldern liegt,
Wo man es nie zu sehen kriegt.
Wer mit ihm auftritt, mag geboren
Als Schuster sein, er ist erkoren,
Daß jede Festung sich ergibt,
In die er seine Plempe schiebt.

Ist er ein Ludewig der Gosse,
Er wird vermittelst Rudolf Mosse,
Vielleicht auch Haasenstein und Vogler,
Zunächst ein süßer, frecher Mogler,
Denn unser Heiliger bringt Heil
Auch durch den Inseratenteil.
Dann thront er bald im Grand Hotelle
Beim Souper an der ersten Stelle,
Sämtliche Schneider sind verrückt,
Bald ist's beim Marschall ihm geglückt
Just durch die fixste Kammerzofe,
Und schließlich hält er – an – zu – Hofe.

Doch von dem ordinären Lucki
Ganz abgesehen, der Doljorucki
Und Fürst Kanaljewitsch sich nennt –
Der Heilige mit Transparent
Macht selbst ganz unbescholtne Männer
Zu einer Sensation für Kenner.
Dem »im Detail« noch nachzuspüren,
Das würde hier »zu weit mich führen«,
Die Kunst ist kurz, die Elle lang,
Wer zuviel schreibt, kriegt Blutandrang.
Genug – man darf Herr Schulze heißen,
Hat Nimbus er, kann er drauf – pfeifen
Und wird, wenn es Sankt N. gefällt,
Rasch Aufsichtsrat der ganzen Welt.

Hast einen Zirkus du von Flöhen,
Laß dich nur ominös erhöhen,
Und bald ziehst du an einem Haar
Die hohe Professorenschar
Mitsamt den Frauen und den Töchten,
Die sich dressieren lassen möchten.
Bist du ein Schornalist, so nimm
Den Majestaticus und schwimm
Im Glanz der öffentlichen Meinung –
Gen Himmel wächst die Schmockerscheinung.

Ein sogenannter Dichter aber,

Als welchen sticht des Ruhmes Haber,
Er lasse bei dem Heiligen sich
Versichern prompt. Hat er den Strich,
Dann um so besser! Nur heran!
Der Nimbus macht den Dichtersmann.
Enorm wirkt hier die hohe Sohle
Der allerdunkelsten Symbole,
Gemischt aus Schall und blauem Dunst,
Apartem Brei, besondrer Brunst.
Der Nimbus adelt einen bloßen
Nonsensplusultra gleich zum großen
Gedanken – »Tiefsinn!« raunt der Snob,
Und hurrehurrehopphopphopp
Schreit das Gerücht den seltnen Kleister
Zum Kunstwerk aus, den Matz zum Meister.

So geht der Heilige Nimbus um,
Er kennt, er kennt sein Publikum.
Er ist – samt Sohle, Schein und Schelle –
Von Haus aus Tapeziergeselle
Und hat – das sei ihm nicht verdacht! –
Es sehr weit auf der Welt gebracht.

Modernes Ketzergericht

Francesco Ferrer

Was war denn ihm ihr lahmer »letzter Trost?«
Die schwarzen Assistenten Gottes glotzten
In lungernder Verblüfftheit, stumm und stier.
Der »arme Sünder« wies ihr Sakrament
Kurz ab und würdigte sie keines Blicks.
Sie fühlten überflüssig ihr Geschäft
Und leierten den Rosenkranz herunter . . .
Er beugte nicht die Knie vor jenem Gott,
In dessen Namen sie ihn opferten.
Er wollte frei dem Tod ins Auge schaun,
Sie legten ihm die Binde vor. Er fiel.
Sein letzter Ruf: »Es lebe die moderne« –
Kaum haucht' er »Schule« noch, dann war's geschehn.
Er fiel – mit ihm in Spanien das Recht.
Blut'ge Komödie spielte Frau Justiz,
Wo ihre Kugeln pfiffen, gähnt der Mord.
Ins Massengrab verschüttet ward der Leib,
Und die der Toten Auferstehung pachten,
Sie wähnten, mit ihm sei der Geist verscharrt.
(Die Törichten! Gesprengt hat er das Grab,
Und seine Flammen zucken um die Erde.)
Im Namen Gottes und des Königs war
Nun der Gerechtigkeit genug getan –
Der Herr ob Tod und Leben hatte selbst
Ihr freien Lauf gelassen, gnadelos.
Uns nicht vom heiligen Gottesgnadentum
Begnadeten kommt die Gerechtigkeit
In Spanien zwar verteufelt spanisch vor,
Das Urteil brennt wie spanischer Pfeffer scharf
In unsern ketzerischen Eingeweiden,
Und wenn ich Deutschlands Stimmung deuten darf,
So sag' ich: O, es mag die Pfaffen leiden!

2
Pfarrer Jatho

Und also sprach die strenge Klerisei:
»Die Kirche duldet keine Ketzerei.
Der Irreführer wird mit Recht verdammt
Und füglich abgesetzt von Würd' und Amt.
Wir sind die Wächter über Gottes Wort.«

– – –

So tönt die Schale, wenn der Kern verdorrt.

Die Schale siegt? Die taube Formel trumpft?
Dann ist der Quell der heiligen Kraft versumpft.
Dann ist die »Frohe Botschaft« nur Geschnarr,
Dann lügt die »Liebe« wie Frau Potiphar,
Dann ist die »Wahrheit« eine tote Haut,
Auf der man orthodoxisch wiederkaut ...

O kluger, superkluger Kirchenrat,
Kennst Du das Wort: Im Anfang war die Tat?
Die Tat des Ketzers ward zum Sauerteig,
Das kommt von Scharfgericht und Mückenseig.
Wird Euch der Text nicht auf der Seele brennen:
An ihren Früchten sollt Ihr sie erken-
nen?!

Am Glücksrad

Einst flog es von »braunen Lappen«
Ihr, wenn sie nur wollte, so zu –
Sie fuhr mit den feurigsten Rappen
Und stand mit Reichsgrafen auf Du.

Von Polen her hatte sie Rasse,
Dazu eine Stimme so süß,
Der Pöbel blieb stehn auf der Gasse,
Das klang wie vom Paradies.

Und abends erdröhnten die Wände
Von donnerndem, wildem Applaus,
Den Jünglingen brannten die Hände,
Man spannte die Pferde ihr aus.

Das waren die Zeiten der Wonne,
Da ging es ihr märchenhaft gut,
Sie war nicht geschaffen zur Nonne,
Sie büßte ihr polnisches Blut.

Doch Einen, den liebt' sie am meisten,
Das war nur ein armer Student,
Der konnte kein Mädel sich leisten,
Und Liebe, ja Liebe, die brennt.

Dem hat sie aus Liebe gesungen
Und tat es doch sonst nur für Geld,
Er sagte, das hätte geklungen
Wie die Lerche auf mohnrotem Feld . . .

Die Lerche sie sank in die Rinne,
Die Welt ist ein trüber Kanal . . .
Lorbeeren und goldne Gewinne –
Wann war denn das einmal?

Sie kann sich noch kaum drauf besinnen,
Es ist wie ein uralter Traum –
Die blinden Tage verrinnen
Zunichte wie Schatten und Schaum.

Ihre Stimme tot und verrostet,
Zerwühlt und starr ihr Gesicht –
Man fragt, »was die Glückspartie kostet«,
Sie sagt: »Einen Groschen – mehr nicht.«

Dann wirft sie den Kopf in den Nacken
Und horcht wie auf fernes Getrab,
Bald holt ja mit schwarzen Schabracken
Der mächtigste Reichsgraf sie ab.

Suum cuique!

Es läuft ein großes Schweinepack
Auf dieser Welt herum,
Ob Sportdreß, Samtflaus, Joppe, Frack,
Obs Schnaps säuft oder Mumm.

Steckt überall den Rüssel rein,
Wo's was zu schnüffeln gibt,
Bekleckert selbst den klaren Wein,
Den man zu trinken liebt.

Und hat es Einem brav verhunzt
Des Lebens Kunst und Preis,
So wälzt es sich und quiekt und grunzt
Und jodelt mit dem Steiß.

Und macht dazu ein süß Gesicht,
Infam bis dorthinaus,
Und schiebt man's weg, es rührt sich nicht
Und drückt sich fest ans Haus.

Es läuft ein großes Schweinepack
Auf dieser Welt herum,
In Löcherkähnen oder Lack –
Genus canalljicum.

Evviva!

D e r möchte gern dich zu den Toten werfen,
Die längst in Sturm und Drang verschollen sind;
Wie du auch wirkst und schaffst, er stellt sich blind
Und übt an jungen Sünden alte Schärfen.

Ein andrer hat für dich zu schwache Nerven
Und zu den Rowdies reiht er dich geschwind;
Ein hohler Schreier, schimmelst du im Spind
Der literarhistorischen Konserven.

Was bist du für ein unverschämter Tropf,
Der sich erfrecht, aus seinem Grab zu strecken
Den höchst leibhaftigen, verstockten Kopf?

Und läßt dich nicht mal vom Professor schrecken?! –
I wo! Das fördert just mir die Verdauung
Und stärkt die lebenskräftige Weltanschauung.

Sprüchlein

»... Das Vulgus hat viele Flausen
im Kopfe, und wollte man sich
daran kehren, hätte man viel zu
tun.«

Schopenhauer, Abhandlun-
gen zur Dialektik.

Ausgelacht

Daß man mich oft im Leben verlacht,
Draus hab ich mir blitzwenig gemacht.
Ich sagte mir in den meisten Fällen:
Die Leute lachen – die Hunde bellen.

Zwischenraum

Tu einen Schritt nur ihnen entgegen,
Sie geben dir zwiefach ihren Segen,
Aber sie werden schrecklich verstimmt,
Wenn man wieder mehr Zwischenraum nimmt.

Überlegen

Leben will dich überlisten.
Sollst mit edlern Listen lohnen.
Deine Adler lasse nisten
Lachend in des Lebens Kronen.

Der Snob

Jener da guckt mich so an, als hätt' ich auch gar nichts ge-
schrieben
(Höchstens drei Liedchen vielleicht!), was sich der Mühe ver-
lohnt.
Unübertrefflicher Tropf! Selbst meiner Gedichte geringstes
Leuchtet wie Tau, kritisiert's solch ein frisierter Mandrill.

Den Totengräbern

Ihr fürchtet die Flamme, solange sie loht,
Und sucht sie mit Sand zu ersticken,
Ihr schlagt mit den Toten die Lebenden tot,
Um euch mit den Schädeln zu schmücken.

Mein Schutz

Schlagt ihr mich mit Keulenschlägen,
Stecht ihr mich mit Nadelstichen –
Hart wie Eisen ist mein »Brägen«,
Meine Haut wie hornbestrichen.

Gefoppt

Sie glaubten schon, daß sie mich steckten,
Wohin man die »Braven« steckt –
Da hatt' ich mal die Korrekten
Mit meiner Korrektheit geneckt.

»Man«

»Wissen Sie, was man von Ihnen sagt?«
Ich habe noch nie danach gefragt.
»Man« ist ein zweifelhafter Geselle,
Sein Maul ist eine hohle Schelle,
Ein schal Gewäsch ist seine Rüge,

An seinem Rockschoß hängt die Lüge.

Ziel der Frauen

Nicht mit Eifern,
Grollen, Geifern
Wider Macht und Wuchs im Mann –
Mitzuwirken
In Bezirken
Weiten Lebens, löst den Bann.

Ziel der Frauen:
Mitzubauen
Vollbefugt und selbstbefreit,
Zu entfalten,
Zu gestalten
Großen Zug der Menschlichkeit.

Sechs Studentensprüchlein

1

Stell nur aufs Ganze deinen Sinn,
So regt es sich von allen Seiten!
Mit »trocknem« Studium ist es hin,
Wenn Lebensquellen dich begleiten.

2

Ob Recht, ob Sprache, Geist, Geschichte,
Mensch und Natur: es gilt den Bau,
Daß sich erhöhe, ordne, schichte
Gesamtes Sein, zu klarer Schau;
Daß eines sich am andern richte,
Bis das Gebilde kunstgenau
Dasteht: das ruhige Gebäude
Edler Kultur und Geistesfreude.

3

Jeder für seinen Platz im Leben –
Alle für reines Wahrheitsstreben.

4

Nicht nur für drei Jahre Student sein,
Nicht nur für sechs Semester jung sein –
Nicht nur mit dem Examen zu End sein,
Nicht nur für den Doktor in Schwung sein.

5

»Strebertum« heißt der Drache,
Jeder sei Siegfried nun!
Deutsch sein heißt: um der Sache
Willen das Seine tun.

6

In scientia nunquam: »Schluß!«
Ars dat appetitum.
Civis academicus
Sum ad infinitum.

Stille halten

Was will das Herz mir spalten?
Der Mißmut bohrt und sägt.
Es ist ein wüstes Schalten,
Das nicht nach Lust und Liebe frägt.
Du mußt fein stille halten,
Wie roh es auf dich schlägt,
Das Deine recht gestalten
Und tragen, was das liebe Herz erträgt.

Weg zur Kunst

Ein langer Weg und ein mühselig Wesen,
Bis du die Kunst erwirbst, die dich erlesen,
Der Menge scheint sie leicht wie Kinderspiel.
Und wenn du fragst: womit wird sie gewonnen?
Geduld und Liebe winken aus dem Bronnen;
Wenn die zwei fehlen, nützt Talent nicht viel.

Mein Neujahrswunsch

Auf eine Zeitschriftanfrage

Was ich erwarte vom neuen Jahre?
Daß ich die Wurzel der Kraft mir wahre,
Festzustehen im Grund der Erden,
Nicht zu lockern und morsch zu werden,
Mit den frisch ergrünenden Blättern
Wieder zu trotzen Wind und Wettern,
Mag es ächzen und mag es krachen,
Dunkel zu rauschen, hell zu lachen
Und im flutenden Sonnenschein
Freunden ein Baum des Lebens zu sein.

Einem fernen Freund

Mit dem »Du« im Herzen darf man schweigen,
Um so tiefer dann sein Innres zeigen,
Wenn die Stunde kommt, da ganz allein
Leben sich dem Leben drängt zu weihn . . .
Und es ist ein still beständig Wissen,
Und es ist ein ruhiges Vertrauen:
Unser Freundeskranz wird unzerrissen
Schweben in Maienlüften wie in rauhen
Sturmesnächten schlimmeren Geschicks . . .
Nein, es ist kein Rausch des Augenblicks,
Wie ihn rasches Jugendblut verdampft,
Keine Traumsaat, die der Tag zerstampft –
Wir belauschen unser altes Spiel
Und gedenken und besinnen viel . . .

Sonnentod

Es stieg im kühnen Morgenfeuer
Von Osten auf der Held des Lichts,
Der Schatten lagernd Ungeheuer
Lodernd zu schleudern in das Nichts.

Jäh über Berg und Flut hinfahren
Ließ er des Speeres Blitz und Glanz,
Er scheuchte der Dämonen Scharen
Mit purpurtrunkenem Waffentanz.

Welch urgewaltig Glutenzucken! – –
Da kroch der Dunstdrach um die Welt.
Unheimlich Wälzen, Schleichen, Rucken.
Ein Ringen. Röcheln. Nebelschlucken.
Erstickt – im Sumpf – der Sonnenheld.

Das Kellerglas

Eine Erinnerung

Es war das Glas – die Tage sind versunken,
Doch leuchten sie wie warmer Himmel Gold –
Das Glas, draus Gottfried Keller nur getrunken . . .
Mir botest du's als besten Dichtersold.
Du hast's gefüllt mit einem firnen Weine,
Des Alten wert, den beide wir gekannt,
Auch seine Blume war die selten feine,
Gediehn in einem echten Sonnenland.

Ich trank es leer und schlürfte tiefe Freude –
Der schönkristallne Kelch von ihm geweiht! –
Mein inneres Auge ging auf satter Weide,
Mein lauschend Ohr vernahm ein klar Geläut.
Von Licht und Rosen kam ein Strom geflossen,
Des Lebens starke Lust durchquoll mich ganz . . .
Du nahmst das Glas und hast es still verschlossen,
Mir aber war, ich stünd in Gold und Glanz.

Letzter Abschied

Gesprochen bei der Feuerbestattung des Dichters Wilhelm Holza-
mer
in Jena am 2. September 1907

Die Flamme glüht. Im sonnenheißen Bade
Versinkt der Leib. Vom grausamen Gestade,
Das Tod und Leben trennt, schon winken wir
Dir letzten Gruß. – Du fliehst, wir bleiben hier.

Wär's nur ein Traum! Kann's einer von uns fassen?
Nein, nein! Du hast uns viel zu früh verlassen.
Warst für die Asche, die im Wind zerstiebt,
Zu jung, zu schaffensfrisch, zu sehr geliebt.

Dein Herz war echt und deine Seele lauter.
So wardst du bald dem schweren Leid vertrauter
Als jedem leichten Glück auf diesem Stern –
Die Welt will glatte Schale, harten Kern.

Du Sohn des Rheins von perlendem Geblüte,
In dem der Geist so lebenspendend sprühte,
Du schönheitkundig kunstgeübter Mann,
Zu fein und kühn für enger Sphäre Bann:

Du gingst den Weg, den du für wahr erfunden,
Auf Brust und Rücken brannten dir die Wunden,
Verleumdung schlug ihr gieriges Gebiß
Dir tief ins Fleisch – und falsches Band zerriß.

Doch eines seltnen Lichtes reine Welle
Glitt über dich mit wundersamer Helle,
Dein Scheitel ward gekrönt von seligem Licht,
In Liebe blühte Leben und Gedicht.

Zu freiem Ausblick, früchtefrohen Hängen
Begann dein Fuß zu steigen – von Gesängen
Und von Geschichten quoll's, als atme jetzt
Der Künstler auf, den jahrlang Kampf gehetzt.

Wie mutig schrieb die kräftige Feder wieder

Bücher des Lebens und des Schicksals Lieder!
Der Reife Werk von unbeirrter Art
Wuchs mählich: Liebe Segen offenbart.

Da ist der schonungslose Tod gekommen,
Hat jäh die Feder aus der Hand genommen,
Der liebsten Frau, den Kindern Heil und Haupt,
Den edlen Dichter seinem Volk geraubt.

Und trostlos starren wir in grause Tiefe . . .
Uns ist, wie wenn ein ferner Rufer riefe:
»Leb wohl, du Eine, die mein Stern gewesen,
Lebt, Teure, wohl! – Ich bin zum Licht genesen.«

Der tote Recke

Björnstjerne Björnson

Stand eine Königseiche
Mit Wurzeln knorrig und weit
Im hohen Norwegreiche,
Silbern die Krone beschneit.
Von mächtiger Kanzel schaute
Sie über Fjord und Land –
Wenn drunten der Nebel braute,
Thronte die Lichtvertraute
Jenseits der schwelenden Wand.

Voll rauschte durch ihre Äste
Freiwüchsiger Weisen Gewalt,
Hier kamen die Adler als Gäste,
Hier machten die Wildgänse Halt.
Wenn aber der Frühling schäumte
In tosenden Bächen zu Tal,
Ihre grünen Wipfel säumte,
In raunenden Blättern träumte
Der Sonne goldiger Strahl.

Die kleinen Vögel sangen
Von fröhlichen Burschen und Fraun,
Ihre frischen Lieder klangen
Wie köstliches Weltvertraun:
Was aus der Urkraft Grunde
Sich zuversichtlich erneut,
Das ewige Gesunde,
Was mit den Quellen im Bunde
Ein kräftiges Herz erfreut.

Doch wenn in Europas Marken
Aufspritzte des Unrechts Schlamm,
Dann wühlt' es von grollendstarken
Stößen im ragenden Stamm.
Dann zuckte die scharfe Braue
Dem Häuptling, der markig und zäh

Wie die Eiche, die wettergraue,
Ausspähte fern über die Gaue –
Und es blitzte und donnerte jäh . . .

Nun ließ, der über den Sitzen
Der Donner und Stürme droht,
Seine eisige Sense blitzen,
Hoch von den Gletschern der Tod.
Und es neigte der silberne Recke
Sein freies, sein feuriges Haupt –
Einhüllt ihn die schweigende Decke,
Doch er harrt, daß der Frühlingssturm wecke
Die Lichtsaat, an die er geglaubt.

Johannes Brahms

Seine Werke loben den Meister,
Tiefe Wirkung mißt ihren Wert,
Flacher Ruhm, heut schimmert und gleißt er,
Doch kein Morgen ist ihm beschert.
Nur wer echt war, unsterblich heißt er,
Nur der Starke ragt unversehrt
Aus den zeitverschlingenden Wogen,
Die zum Abgrund den Nichtigen zogen.

Ruhig auf der sicheren Barke
Fährt der Held der Töne dahin,
Lebensglut im männlichen Marke,
Lebensklang im menschlichen Sinn.
Durch die sonnen- und stürmestarke
Harfe saust es am Bug: »Ich bin
Ausgespannt den Fluten und Winden,
Wahren cantus firmus zu finden«.

Aber der festen, wuchtigen Weise
Spröder niedersächsischer Art
Mild vermählt sich die zitterndleise
Selige Lyrik sehnsuchtzart.
Ziehender Wolken südliche Reise,
Himmlische Bläue, rein offenbart,
Leuchtender Schweizersee, winkende Sterne
Wiener Wälder, aus ewiger Ferne.

Menschheitsziel und Aufstieg zum Schönen
Maß sein gedankenvoll mächtiges Haupt.
Tod alles Irdischen klagt' er in Tönen,
Aber den Strahl, den Prometheus geraubt,
Feiern die Fugen; Triumph und Versöhnen
Kämpfender Kraft, die an Göttliches glaubt,
Schreitet durch Dissonanzen die Leiter
Schwer zu harmonischen Lösungen weiter.

Tonwerk des Meisters – ihm müssen wir lauschen.

Sei auch im Künstler des Menschen gedacht!
Nimmer zu prahlen, nimmer zu bauschen,
War seines Wesens gediegene Tracht.
Lieber als schmeichelndes Scheinwort zu tauschen,
Derb oder herb – aufrichtige Macht
Guter Natur und goldene Fülle
Liebenden Sinns, grausilbern die Hülle.

Liliencron

»Zum Himmel steuert jubelnd auf die Lerche,
Den Dichter mag die tiefste Gruft verschlingen.«

D. v. Liliencron: »Schrei.«

»O wär es doch!« So klang dein Sehnsuchtsschrei –
»O wär es doch!« Aus der Philister Land,
Wo man ums Herz dir enge Netze wand,
Hinauszufliehn in Wälder groß und frei.

Einsam, auf nacktem Deich seh ich dich ragen,
Die Sperberaugen spähen fern aufs Meer,
Die feine Künstlerhand spielt auf der Wehr,
Mit Gold hat sie der Sonne Glut beschlagen.

Du Dichter und Korsar am Strand der Not,
Der rauhen Disteln, die den Weg umsäumt,
Entstampft ein Rosenmeer, das überschäumt
Und tief verschüttet, was dir wüst gedroht!

Du hast aus Nichts gezaubert Millionen
Und im Verschenken fürstlich ohne Gleichen
Geherrscht als Souverän in Traumesreichen,
Begnadet mit der blühendsten der Kronen.

Am eignen Herd, auf Heidegang und Flur,
In Pulverqualm und heißem Erntetag,
In Liebesrausch und Nachtigallenschlag
Dein Lied ein brünstiger Atem der Natur.

»O war es doch!« – Und in dir ward es Bild.
Erfüllt hat sich des Lebens mächtiger Wille
Zum reifen Werk. Dein treues Herz liegt stille.
Dich deckt erkämpften Ruhmes erzener Schild.

Verlorene Poeten

Wie Blumen, den Winden geboten zum Spiel,
Besonders geartet, auf zarterem Stiel
Mit schwereren, volleren Kelchen gekrönt,
Verschütten den Duft sie, von Rhythmen durchtönt.

Ein Pilger nur horcht auf den seltsamen Sang
Der zitternden Häupter am einsamen Hang.
Sie neigen sich lieblich, nun steigen sie kühn
Erhoben zum Äther. Sie leuchten, sie glühn.

Doch sie leiden am Leben, das ihnen so kalt
Entgegenschauert mit fremder Gewalt.
Verletzbar durch Bosheit, von Roheit erschreckt,
Früh werden sie müde zu Boden gestreckt.

Ihr letzter Laut – ein verschollenes Ach!
Jäh packt sie der Wirbel, der wütende Bach.
Der dunkleren Lose schwermütiges Lied
Geht schluchzend verloren in Röhricht und Ried.

Sieger

In ihrem Blut rollt ein geheimer Tropfen
Erstaunlicher, durch nichts gestörter Kraft.
Halb scheint vom Satan, halb von Gott der Saft,
Gemischt, um jede Wunde zu verstopfen.

Wo hundertmal verloren Malz und Hopfen
Bei andern Kämpfern, wenn der Abgrund klafft,
Der dunkelgähnend seine Opfer rafft,
Sie setzen über. Siegerpulse klopfen.

In ihrem Blick loht ein geheimes Feuer,
Halb scheint von Gott, vom Satan halb die Glut,
So bös wie gut – dem Schwachen nicht geheuer.

Vor ihrem Blitz verreckt die Otternbrut.
Das giftgeschwängert zischende Gewimmel
Sinkt in den Sumpf. Sie rettet Höll und Himmel.

Wächterin

Sie naht ursprünglich, unbefangen, frei,
Ein reifes Weib, mit sonnenflutendem Haar,
Gelassen, ohne rechts und links zu schaun,
Der Bühne tief verhangenem Heiligtum
Und wendet sich und überblickt das Haus.
Hoch in der Linken hebt mit kühnem Arm
Den Spiegel sie, darin das Flammenherz
Der Menschheit unverschüttet wiederscheint,
Und mit der Rechten deutend kündet sie:
»Dem Ort der Weihe bin ich Wächterin,
Den hinter mir des Vorhangs Hülle schließt.
Wenn er sich öffnet, öffnet sich die Welt,
In Ausdruck, Wort und Bild gebannt, dem Aug'
Und Ohr. Gestalten wachsen wahr heraus,
Die euch mit ihrer Menschlichkeiten Macht
Und Ohnmacht mahnen an verwandtes Los
Und zeugen von dem bindenden Gesetz,
Das sternensicher Heil und Unheil eint.
Dem Ort der Weihe bin ich Wächterin,
Und Opferflammen will ich lodern sehn
Zur Abwehr falschen, wesensfremden Spiels,
Zum Hort der lebensebenbürtigen Kraft.
In Kraft und Fülle soll ein Tatgebild
Vor euch sich traumhaft heben. Alle Not
Und Niedrigkeit und majestätischer Stolz
Der Menschheit, was sie schändet und erhebt,
Soll euch erschüttern, packen, peitschen, reizen.
Kennt ihr die herzerweiternd kühne Kunst,
Die gleich der weißen Lichtwalküre reitet
Durch Sturmgewölk zu lichter Götter Saal,
Indes im Sumpf sich die Gewohnheit krümmt
Der ewig ehrfurchtlosen Ehrbarkeiten?
Dem Ort der Weihe bin ich Wächterin,
Den Ort des Weltbilds weih ich allem Volk,
Das Sehnsucht tief durchzittert, sich zu baden

Im Meer der ungeheuren Leidenschaft,
Im Quell der heiligen Aufrichtigkeiten.
So lauscht und feiert, sammelt euch zum Bild,
Das sinnentzückend, grausig, zart und wild,
Entfesselnd und beherrschend sich im wahren
Weltspiel des Dichters sehnt zu offenbaren!«

Unterirdischer Weg

Aus den Schächten meines Lebens
Leiden hab' ich tief geschürft,
Unterirdischen Erbebens
Schauer schreckensheiß geschlürft.

Dämpfe stiegen, schlugen Gase,
Drin das Grubenlicht erstickt –
Durch der Hölle bös Geblase
Hab' ich Himmelsglanz erblickt.

Proteus Seele

Was schuf die Seele mir zum Schmetterlinge,
Der spielend schwebt, wo Blüt' an Blüte gleißt,
Und gab ihr auch des Adlers dunkle Schwinge,
Der überm Horst im Äther einsam kreist?

Was schaukelt sie im nußschalleichten Nachen,
Wo durch die lässigen Finger rinnt die Flut,
Und läßt sie wie des Panzerschiffes Drachen
Vom Stapel laufen wider Feindeswut?

Was hüllt sie arm in löchrige Gewänder,
Daß sie davonschleicht hinterm dürrsten Zaun,
Und läßt sie stolz auf reichbeglückte Länder
Wie eine Königin herniederschaun . . .?

Wildbach

Herrlich vom Sturz der Gewalten umstoben,
Donnerndem Toben, –
Sonne verlischt –
Jauchze, mein Leben, drunten und droben
Schäumend umzischt!

Wollten die sickernden Sümpfe dich lähmen,
Larven dich zähmen,
Hürdengemischt –
Lerne der schwächlichen Sünden dich schämen,
Urwelterfrischt!

Schlürfe die Wucht der geschleuderten Wasser;
Tosende Hasser,
Haben sie Blöcke zur Seite gewischt –
Riesigen Ingrimms zermalmende Prasser,
Schwelgend in Gischt . . .

Höhenblick

Hin über schwindelnde Schroffen
Hat dich dein Morgen geführt:
Stürmisches Steigen und Hoffen! . . .
Wen die Lawine getroffen,
Nimmer die strahlenden Lüfte
Stählender Höhen er spürt.

Unter dir Krachen und Grollen,
Hinter dir Absturz und Tod!
Wahn und verwegenes Wollen
Glühnder Gefährten verschollen . . .
Steinkreuz am gähnenden Schlunde,
Hat es nicht dir auch gedroht?

Tränkt mich, ihr köstlichen Quellen,
Trage mich, tannkühler Pfad!
Sonnigen Mut zum Gesellen,
Schreiten und Schauen im Hellen:
Sieh, in die himmlische Bläue
Schwingt sich der schneeweiße Grat.

Lebensschale

So magst du unerschüttert schweben
Und reichgefüllt im Gleichmaß ruhn,
Du Schale, die mir Gott gegeben,
All Lust und Last hineinzutun.

Wild schwanktest du im Ungewissen,
Hast dich zum Abgrund jäh geneigt –
Nun sei in Licht und Finsternissen
Die nimmer stürzt noch schwindelnd steigt.

Die kommenden Tage

Es weht ein Gespinst um die Brunnen der Nacht,
Drin flattern die Wünsche des Lebens,
Die einen so glühend, die andern so sacht
    Im Dunkel erwacht –
Die Nornen sie wirken's und weben's.

Versunken in brütenden Gründen, was w a r ,
Was s e i n wird, entbrodelnd den Tiefen –
Es steigen die Stunden, es jüngt sich das Jahr,
    Aufschimmert die Schar
Der Tage, die schattenhaft schliefen.

Nun schlürfen sie Blut an den Brüsten der Zeit,
Schon wiehert das Kampfroß der Frühe,
Der Hahn schlägt weitaus die Flügel und schreit
    In die Ewigkeit,
Und Flut rauscht aufs Mühlrad der Mühe.

Über tredition

Eigenes Buch veröffentlichen

tredition wurde 2006 in Hamburg gegründet und hat seither mehrere tausend Buchtitel veröffentlicht. Autoren veröffentlichen in wenigen leichten Schritten gedruckte Bücher, e-Books und audio-Books. tredition hat das Ziel, die beste und fairste Veröffentlichungsmöglichkeit für Autoren zu bieten.

tredition wurde mit der Erkenntnis gegründet, dass nur etwa jedes 200. bei Verlagen eingereichte Manuskript veröffentlicht wird. Dabei hat jedes Buch seinen Markt, also seine Leser. tredition sorgt dafür, dass für jedes Buch die Leserschaft auch erreicht wird.

Im einzigartigen Literatur-Netzwerk von tredition bieten zahlreiche Literatur-Partner (das sind Lektoren, Übersetzer, Hörbuchsprecher und Illustratoren) ihre Dienstleistung an, um Manuskripte zu verbessern oder die Vielfalt zu erhöhen. Autoren vereinbaren direkt mit den Literatur-Partnern die Konditionen ihrer Zusammenarbeit und partizipieren gemeinsam am Erfolg des Buches.

Das gesamte Verlagsprogramm von tredition ist bei allen stationären Buchhandlungen und Online-Buchhändlern wie z. B. Amazon erhältlich. e-Books stehen bei den führenden Online-Portalen (z. B. iBookstore von Apple oder Kindle von Amazon) zum Verkauf.

Einfach leicht ein Buch veröffentlichen: **www.tredition.de**

Eigene Buchreihe oder eigenen Verlag gründen

Seit 2009 bietet tredition sein Verlagskonzept auch als sogenanntes "White-Label" an. Das bedeutet, dass andere Unternehmen, Institutionen und Personen risikofrei und unkompliziert selbst zum Herausgeber von Büchern und Buchreihen unter eigener Marke werden können. tredition übernimmt dabei das komplette Herstellungs- und Distributionsrisiko.

Zahlreiche Zeitschriften-, Zeitungs- und Buchverlage, Universitäten, Forschungseinrichtungen u.v.m. nutzen diese Dienstleistung von tredition, um unter eigener Marke ohne Risiko Bücher zu verlegen.

Alle Informationen im Internet: **www.tredition.de/fuer-verlage**

tredition wurde mit mehreren Innovationspreisen ausgezeichnet, u. a. mit dem Webfuture Award und dem Innovationspreis der Buch Digitale.

tredition ist Mitglied im Börsenverein des Deutschen Buchhandels.

Dieses Werk elektronisch lesen

Dieses Werk ist Teil der Gutenberg-DE Edition DVD. Diese enthält das komplette Archiv des Projekt Gutenberg-DE. Die DVD ist im Internet erhältlich auf **http://gutenbergshop.abc.de**